Copyright © 1995 by Mary and Richard Behm
Published by
EDINFO Press and
ERIC Clearinghouse on Reading, English, and Communication
Carl B. Smith, Director
Indiana University
P.O. Box 5953
Bloomington, IN 47407

Editor: Warren Lewis
Spanish Translators: Joan Hoffman and Angélica Lizarraga, with Silvia
Jaramillo
Design: Lauren Bongiani Gottlieb
Cover: David J. Smith
Production: Lauren Bongiani Gottlieb, Theresa Hardy

This publication was funded in part by the Office of Educational Research
and Improvement, U.S. Department of Education, under contract no.
RR93002011. Contractors undertaking such projects under government
sponsorship are encouraged to express freely their judgment in professional
and technical matters. Points of view or opinions, however, do not necessarily
represent the official view or opinions of the Office of Educational Research
and Improvement.

Library of Congress Cataloging-in-Publication Data

Behm, Mary, 1956–i
    ¡Leamos! : 101 ideas para ayudar a sus hijos a que aprendan a leer y escribir /
Mary y Richard Behm ; con un nuevo prefacio por Josefina V. Tinajero = Let's Read! :
101 Ideas to Help Your Child Learn to Read and Write / Mary and Richard Behm ;
with a new preface by Josefina V. Tinajero. — Texto bilingüe, texto refundido.
        p.   cm.
    Includes bibliographical references (p.   )
    ISBN 0-927516-60-8
    1. Children—Language—Handbooks, manuals, etc. 2. Language arts—
Handbooks, manuals, etc. 3. Reading—Language experience approach—
Handbooks, manuals, etc. 4. Reading—Parent participation—Handbooks,
manuals, etc. 5. Children—Books and reading—Handbooks, manuals, etc.
I. Behm, Richard, 1948–   . II. ERIC Clearinghouse on Reading, English, and
Communication. III. Title. IV. Title: Let's read.
LB1139.L3B433   1995
649.68—dc20

                                                                94–21536
                                                                    CIP

— ii —

Indice

Table of Contents

Prefacio

Los padres son los primeros y más importantes maestros de sus hijos. Ellos son los compañeros esenciales para el desarrollo de sus hijos. En el hogar los padres brindan ternura, seguridad, y amor. Además, proveen el contexto socio-cultural, el cual es la base para todo aprendizaje. Cada familia posee tradiciones y rituales propios, los cuales marcan los sucesos significativos en el hogar. Estas tradiciones y rituales pueden convertirse en experiencias valiosas para la alfabetización de los niños.

¡Leamos! fue escrito especialmente para los padres, el cual les ofrece un caudal de ideas, para que la vida cotidiana en el hogar puede brindarles tiempos en los cuales los padres e hijos compartan, juegen, y aprendan juntos. Las actividades aquí presentadas se realizan dentro del curso normal en el hogar, sin requerir de materiales caros para su ejecución. El libro permite a los padres enterarse que muchas de las actividades que ellos realizan durante un día normal en casa en su lengua materna o en Inglés, puede ser utilizado para cultivar la alfabetización y reforzar los conceptos académicos que los niños esten aprendiendo en la escuela. Además, *¡Leamos!* es especial porque hace uso de la lectura y escritura para fortalecer la conexión y comunicación entre padres e hijos.

Preface

Parents are their children's first and most important teachers, essential in the development of their child's minds. At home, parents provide warmth, safety, and love. Home is the nest, the socio-cultural context that forms the basis for learning. Each family has its own traditions and rituals that mark the significant happenings in the home. These traditions and rituals can become moments of valuable literacy experiences for children.

This little book *¡Leamos!* holds a wealth of ideas for turning everyday occurrences at home into times for parents and children to share, play, and learn together. The activities follow the natural rhythm of the home, and they do not require expensive commercial materials. Moreover, parents come to realize that many of the activities they do during the day at home, whether in Spanish or in English, can be used to build literacy and reinforce the concepts that children may be learning in school. The book uses reading and writing to strengthen the connection and communication between parents and children — a special and wonderful achievement in a family.

El caracter bilingüe es uno de los enfoques de *¡Leamos!*. Para que los niños obtengan un mayor beneficio de los libros que leen y las canciones que cantan, los periódicos y revistas que comparten deben de estar en el lenguaje que el niño sabemejor. El libro hace una descripción de las actividades que se realizan en casa sin considerar el lenguaje que se hable dentro del hogar. Si el lenguaje materno del niño es el Español, las actividades se realizan en la lengua materna de la familia.Estas ideas pueden ser utilizadas para escribir un libro en Español, en Inglés, o bien un libro que involucre a los dos idiomas.

Cuando los niños leen y realizan las actividades sugeridas en *¡Leamos!* con sus padres, las experiencias compartidas generarán una gran impresión en los niños. El bienestar y el apoyo en el tiempo en el que se reunen hace posible que los niños se inicien en el enfoque sobre el significado y la impresión de las historias. El escuchar historias leidas en el lenguaje materno, les da la oportunidad a los niños de escuchar como el lenguaje escrito se oye dentro de un contexto familiar. Esto les brinda la oportunidad de formar lazos muy estrechos con su propia cultura.

For children to benefit most, books, songs, nursery rhymes, and newspapers that are shared need to be in the language that the child knows best. Because *¡Leamos!* is written in both Spanish and English, the activities can take place in whichever language the parent and child are most comfortable with. The 101 ideas work in both languages. For example, one of the activities is to write a book, but it is up to the child whether to write in Spanish or in English, or bilingually.

When children read and do the suggested activities in *¡Leamos!* with their parents, the shared experiences will make a big impression. The comfort and support of a regular time together makes it possible for children to focus on the meaning of the stories and print. Hearing stories read in the home language gives children a chance to hear how written language sounds in a familiar context while allowing them to form strong bonds with their own culture.

Como directora del Programa Madre-Hija en la Universidad de Texas en El Paso, he visto la importancia que juega la participación de los padres en la educación de los niños. He presenciado el exito que las jovencitas experimentan cuando sus padres trabajan al lado de ellas. Madres e hijas quienes han participado en el Programa Madre-Hija nos hacen saber que tienen una relación estrecha. Como resultado, conversan más a menudo, pasan mucho más tiempo juntas que antes de participar dentro del dicho programa.

Estoy segura que los padres harán uso de este libro y apreciarán las tantas ideas que aquí se les brindan, seleccionando las actividades de acuerdo a sus horarios y a las necesidades de sus hijos para aprender a leer y escribir.

Josefina Villamil Tinajero, Ed. D.
Directora del Programa Madre-Hija
La Universidad de Texas en El Paso

As a director of the Mother-Daughter Program at the University of Texas at El Paso, I have seen the importance of parent connections with the school and the power of parent participation in the education of children. I have witnessed the success that young children experience when their parents work closely with them and with their teachers. Over the past seven years, mothers and daughters who have participated in the program have reported that they are closer to one another, that they talk more often, and that they spend much more time together than before the program.

I am sure parents who use *¡Leamos!* will appreciate the many ideas suggested to them, selecting activities according to their own schedules and their children's needs to learn to read and write.

Josefina Villamil Tinajero, Ed. D.
Associate Professor and Director
The Mother-Daughter Program
The University of Texas at El Paso

Queridos Padres:

Aprender a leer y escribir empieza en casa, no en la escuela. "Usted es el primer y mejor maestro de su hijo," lo afirman Richard y Mary Behm, los autores de este libro.

La base fundamental para el aprendizaje de la lectura y escritura de nuestros hijos, lo conformamos nosotros los padres, la casa y el vecindario. Estos elementos constituyen los primeros maestros, que muestran al niño la lectura y escritura como parte del mundo real, y como la lectura y la escritura hacen que la vida sea más interesante y divertida.

El continido de este libro implica actividades divertidas a realizar, además enfatiza consecuente a los padres como iniciadores para enseñanza de la lectura y escritura. Usted es un modelo para su hijo a través de la casa y la escuela. Es probable, que usted como padre no se considere un buen lector o un buen redactor, pero su ejemplo puede motivar a su hijo de una forma natural y divertida para que su hijo aprenda a leer y escribir.

Dear Parents,

Learning to read and write starts at home, not in school. "You are your child's first and best teacher," affirm Richard and Mary Behm, the authors of these 101 ideas.

Parents, the home, the neighborhood—these are the first and most important teachers of literacy. They show the child that reading and writing are real-world events, that reading and writing make life more interesting and enjoyable.

What sets this book apart from other fun-to-do things is its consistent emphasis on parents as initiators of literacy. Throughout your child's years at home and in school, you serve as a model. Even though you may not consider yourself an especially good reader and writer, your example forms an attitude in your child that encourages or discourages the use of language as a natural and fun way to learn.

Las actividades presentadas en este libro lo guían a que usted, de una manera informal, motive el aprendizaje en su hijo desde la cuna hasta la preparatoria, generando una actitud positiva hacia el aprendizaje a través de la lectura y escritura. Estas actividades están conformadas para adaptar nuestro tiempo con nuestros hijos en los siguientes espacios:

- en el cuarto de los niños
- a la hora de acostarse
- en la carretera
- viendo la televisión

Además, estas actividades nos recuerdan a como interactuar con nuestros hijos, a tratarlos como individuos capaces, con ideas y pensamientos propios. Esto lo logramos a través de la estimulación como son frases de elogio, el respeto a sus opiniones, y el aprender juntos.

El fin de este libro es brindar a los padres de familia algunas ideas educacionales para promover la lectura y escritura, además de utilizar estas para construír una relación estrecha con sus hijos.

Carl B. Smith, Ph.D.
Director, ERIC/REC

The activities in this book do not require you to teach reading and writing in any formal way. These ideas remind you that you have informal opportunities to encourage your child's learning from the cradle through high school and to build a positive attitude toward learning through reading and writing. These activities are organized to fit the way we parents tend to think about our time with our children:

- in the nursery

- at bedtime

- on the road

- watching television

These activities also remind us to interact with our children in the way we ourselves want to be treated, as capable people with our own feelings and ideas. We do that through words of praise, through questions about opinions, through learning together.

This book is special because it offers you educationally sound ideas to promote reading and writing, but more especially because it encourages you to use reading and writing opportunities to build a warm relationship with your child.

Carl B. Smith, Ph.D.
Director, ERIC/REC

Un Mensaje a nuestros lectores

Como ya es del conocimiento tanto de padres como de maestros, el ambiente favorable en casa es uno de los elementos más importantes, sino determinantes, para el aprendizaje de lectura y escritura del niño. Sería muy dificil tener éxito en la escuela como en la vida cotidiana, si en casa no se le diera el valor que tiene el lenguaje al hablarlo, escucharlo, leerlo, y escribirlo. Nos hemos dado a la tarea el editar este libro, para que usted como padre ayude a sus hijos a adquirir habilidades en la lectura y escritura. Más importante aún, a través de estas actividades que se le ofrecen en este libro, usted y su hijo tendrán una relación más estrecha. Su hijo ganará la habilidad para leer y escribir, además el placer de leer y escribir. Usted ganará el respeto y cariño de su hijo. Enfocamos estas actividades en cinco ideas principales:

1.   Jugar = Aprender

El acto de jugar sirve como un fin muy importante; es en jugando como aprendemos mejor. Piense, por ejemplo, cuando su hijo aprendía a hablar, o a caminar, era como un juego. Tanto usted como su hijo se fascinaban, por un lado, usted al escuchar a su hijo emitir sonidos, y por el otro, su hijo emitiendo esos sonidos. Lo mismo sucedia con cada paso que daba su hijo al aprender a caminar. Asi, las actividades contenidas en este libro están diseñadas para hacer del aprendizaje de la lectura y escritura un evento tan natural en donde el jugar permite hacer del aprendizaje un proceso muy divertido.

A Note to Our Readers

As both parents and teachers, we have come to see that one of the most important elements in a child's learning to read and write is a supportive home environment. Without a home in which language— speaking, listening, writing, and reading—is valued, success both in school and later life may be difficult. We have put this book together to help you help your child acquire skill in reading and writing. Perhaps more importantly, through the activities in this book, you and your child can form a closer, stronger relationship. Your child will gain not only skill but also life-long pleasure in reading and writing, and you will gain your child's affection and respect. We base these activities on five principal ideas:

1. Play Is the Essence of Learning

This past summer we had a particularly large and very playful brood of chipmunks in our backyard. Their entertaining playfulness, as is the case with all animals, serves a serious end. So it is with human beings. Play involves us fully, and we learn most effectively through play. Think, for instance, of your child learning to talk or walk. You and your child made it a game, a kind of play. The two of you delighted in each gurgling sound and laughed at each wobbly step. So, too, the activities in this book are designed to make learning to read and write a natural event, one in which play is the guiding principle.

2.   El hablar, escuchar, leer y escribir se relacionan entre sí

Muchas de las actividades de este libro utilizan actividades del lenguaje hablado como la base de la lectura y la escritura. Dentro de las investigaciones en esta área, se nos dice, que las habilidades del lenguaje hablado son necesarias para que los niños se desarrollen en la lectura y la escritura. Frecuentamente, usted encontrará que las actividades ofrecidas en este libro involucran la escritura y la lectura, además de incorporar la expresión auditiva. El escribir, leer, escuchar, y decir cuentos están relacionados y se refuerzan entre sí.

2.   Speaking, Listening, Reading, and Writing Are Related

Many of the activities in this book use oral language activities as the basis for reading and writing. Research in this area tells us that strong oral language skills are necessary for most children to develop as readers and writers. Frequently, you'll find that the activities involve both writing and reading and also incorporate listening. Writing stories, reading stories, listening to stories, and telling stories—these actions are intertwined and reinforce each other.

3.   El aprender unifica la familia

Los momentos compartidos a través de las actividades en este libro generará la union de la familia, ya que todas las actividades exigen la participación de hijos y padres. En la actualidad, tanto el padre como la madre trabajan fuera de casa, sin éste les permita tener una dedicación con sus hijos como ellos quisieran. Además, contamos con muchas familias donde hay la madre o el padre soltero. Ante tales circumstancias no hay ni el tiempo, ni la energía para proyectos extensivos con sus hijos. Por ello, las actividades diseñadas en este libro permite a los padres hacerlos en un período muy corto y la majoría solo toma unos momentos.

4.   Aprendemos en casa

Todo aprendizaje se inicia en casa, y usted es el primer y mejor maestro para su hijo. Usted es el modelo donde su hijo aprenderá. Si le muestra al niño el valor que tienen el leer, escribir, hablar y escuchar, y si usted hace de la lectura y escritura parte de su educación, su hijo podrá formarse un juicio, y así, él verá estas actividades como un placer. Además, es muy importante el escuchar a su hijo lo que él le dice su opina, usted estará ayudando al desarrollo de una persona saludable y segura de si misma. Si su hijo ve la importancia que tienen para usted el leer y el escribir, también la tendrán para el y hará mucho mejor en la escuela.

3.   Learning Brings the Family Together

Moments shared through the activities in this book will draw your family together. Since all of the activities involve both you and your child, they help foster a close, caring relationship. Many of today's parents hold jobs outside the home, while at the same time trying to be a "full-time parent"; and there are many single-parent families. In these circumstances, time and energy for extensive projects simply are not available. We have therefore designed most of these activities so that they can be done in short periods of time—many of them take only a few minutes. Some can be done while you are busy with another task, such as preparing a meal; others are especially designed for working parents who must travel frequently.

4.   Home Is the Center for Learning

You are your child's first and best teacher. When you show your child that reading, speaking, writing, and listening are valued in your home, you send him or her an important message. When you make reading and writing a part of the nurturing, your child will view them with pleasure. When you tell your child stories from your own family history, life, and imagination, you reveal yourself to her or him and give your child "roots." Just as importantly, when you listen attentively to what your child has to tell, you are breeding a healthy ego and raising a confident, self-reliant person. Strong support for literacy in your home will insure that your child gets the most out of formal schooling.

5. El estimular fomenta el aprendizaje

La lectura y la escritura son habilidades muy difíciles para muchos niños. No hay que olvidar que es preciso valorar los resultados de los esfuerzos del niño, por lo tanto, hay que estimularlos. Una de las cosas más importantes que usted puede hacer es estimularlo a través de elogios. Así como su hijo aprende a caminar o a hablar, la lectura y la escritura requieren de su estímulo y apoyo emocional.

Es muy importante hacer énfasis el hecho de no preocuparse si su hijo no escribe o lee con exactitud. Por ejemplo, el estilo y la ortografía no son tan importantes como la simple alegría de poder escribir. Mientras su hijo este aprendiendo déjelo deletrear las palabras lo mejor que pueda. Además, cuando su hijo lea en voz alta, no se preocupe si no pronuncia correctamente una palabra.

Una nota en cuanto al género: A través del texto, hemos intentado considerar sus hijas tanto como sus hijos. Usted puede cambiar los pronombres según su propia situación.

Mary y Richard Behm

5.   Praise Fosters Growth

Reading and writing are admittedly difficult skills for many children to master. One of the most important things you can do is provide bushels of praise. Just as when your child learns to walk or talk, the mastery of reading and writing requires your encouragement and emotional support.

Don't be overly concerned about correctness. When a child colors in a coloring book, there is no need to "stay within the lines." Similarly, when your child writes, neatness and correct spelling are less important than the joy and action of writing. We advocate "invented" spelling as your child struggles to learn to write. Let the child spell the words as best he or she can. Similarly, when your child reads aloud, don't worry if a few words get missed or mispronounced.

What is important is that you share, praise, and be a model. Sharing in these 101 activities will pay off in helping your child learn to read and write, speak and listen; it will foster a strong, close relationship between you and your child.

[A note about gender: Sometimes we write "he," sometimes we write "she." This seems preferable to "s/he" or "he or she." You may change the gender of the pronouns to suit your child.]

Mary and Richard Behm

En el cuarto de los niños

Los investigadores finalmente están descubriendo lo que muchos padres han sabido por años. Desde el momento en que nace su hijo, empieza el aprendizaje. En esta sección usted encontrará actividades que podrá llevar a cabo para estimular ese aprendizaje, y tomar ventaja de la creciente fascinación de su bebé con el lenguaje. Durante los primeros meses de su bebé, usted podrá sentar la base para un desarrollo posterior de la lectura y la escritura.

1.   Háblele a su bebe

No se preocupe que su bebé no entienda lo que usted está diciendo. El asociará su voz y el lenguaje que usted habla con el cuidado y cariño que usted le proporcione. Escuchándolo hablar alentará a su bebé a experimentar con sonidos; esta experimentación lo ayudará a desarrollar el lenguaje oral muy necesario para otras habilidades del lenguaje.

2.   Balbuceando

Cuando su bebé empieza a balbucear, usted repita el sonido que él hace. Esta será la primera experiencia del bebé con el poder del lenguaje. El está causándole a usted que haga sonidos.

In the Nursery

Researchers are finally discovering what many parents have known for years: From the moment your child was born, learning began. In this section you will find activities you can do to help stimulate that learning, to take advantage of your baby's growing fascination with language. During the nursery months, you can lay an important foundation for the later development of reading and writing skills.

1. Talk to Your Baby

Don't worry that she doesn't understand what you are talking about. She will associate your voice and the language you speak with the comfort and care you provide her. Don't be afraid to chatter away about what you are doing, whether you're driving a car, cleaning a room, or doing the office work you had to bring home with you. Hearing you talk will encourage your child to experiment with sounds; this experimentation will help your child develop the oral language necessary for other language skills.

2. Cooing

When your baby starts to coo, go ahead and coo back, repeating the sounds he is making. This may very well be your baby's first experience with the power of language: *He's* making *you* make noise.

3. Imitación

Repita palabras y frases frecuentemente dejando que su bebé le vea el rostro. Pronto usted notará que el bebé tratará de imitar sus sonidos. Prémielo con una sonrisa o con un abrazo.

4. Permítase el lujo de ...

Abrazarlo, besarlo, acariciarlo, jugar. La estimulación física es muy importante para el aprendizaje de su niño. Psicólogos y sociólogos nos aseguran que abrazar a su bebé no lo malcría. Cuando llora un bebé, usualmente algo está mal — su pañal está mojado, se siente enojado, o simplemente se siente solo. Así como a usted no le gustaría que lo dejaran llorando en un cuarto obscuro hasta que se durmiera, tampoco a su bebé le gusta.

5. Dibujos bonitos

Así como la estimulación física es importante, también lo es la estimulación visual. Juguetes movibles colgados de la cuna, dibujos atractivos en el cuarto del bebé, y colocar a su bebé donde pueda observar todo lo que pasa a su alrededor — todas estas cosas lo mantendrán con sus ojos llenos de color y belleza, y su mente activa y alerta.

3. Imitation

Repeat words and phrases often, letting your baby see your face. Soon you will notice your baby trying to imitate your sounds. Praise with a smile or a hug, and keep at it!

4. Indulge Yourself

Hold, kiss, caress, play pat-a-cake and "This Little Piggy." Physical stimulation is important for your child's learning. Psychologists and sociologists assure us that holding your baby will *not* spoil him. When a child cries, usually something is wrong—a wet diaper, a hungry feeling, or just loneliness. As you would not enjoy being left alone in a dark room to cry yourself to sleep, neither does your child.

5. Pretty Pictures

Just as physical stimulation is important, so also is visual stimulation. Mobiles above the crib, attractive pictures in the nursery, and putting your baby where she can see what's going on around her—all of these things will keep her eyes filled with color and beauty, and her mind active and alert.

6.   Los primeros cuentos

Empiece a leerle cuentos a su bebé lo más pronto que pueda. El bebé no entenderá la historia, pero estará fascinado con el sonido de las palabras. También crecerá asociando los libros con ratos tiernos y placenteros. Además, los cuentos a la hora de dormir que se convierten en un ritual, facilitarán la hora de dormir.

7.   Hábitos de lectura

Todo el lenguaje es interesante para su bebé. Cuando está usted leyendo el periódico, o una receta, o una novela, lea algo de eso en voz alta. Un bebé inquieto por lo regular callará al escuchar el sonido de su voz; y según crezca, su bebé querrá imitar su hábito de lectura. No es poco usual descubrir a un niñito sentado en una silla con un libro abierto en las manos — puede tener el libro al revés quizás — pero obviamente su intención es leer como lo hace el padre y la madre.

6.   First Stories

Begin reading stories to your baby as soon as you can. He won't understand the story, but he will be fascinated with the sound of the words. He will also grow up associating books with warm, pleasant times. A bonus: Bedtime stories that become a nightly ritual in the nursery make bedtime easier as your baby becomes a toddler.

7.   Reading Habits

All language is interesting to your baby. When you're reading the newspaper or a recipe or a novel, read some of it aloud. A fussy baby will often quieten at the sound of your voice; and as she grows, your baby will want to imitate your reading habits. It's not unusual to discover a toddler sitting in a chair with an open book—upside down perhaps—but obviously wanting to be reading, just like Mom and Dad.

8. Cántele a su bebe

La mayoría de nosotros puede llevar un ritmo y a
su bebé no le importará si se le va alguna nota o no
recuerda todas las palabras. Es decir, usted puede
inventar las canciones: sobre animales, miembros de la
familia, vecinos etc. Encuentre un par de líneas y una
melodía sencilla y ¡listo! Tal vez a usted le gustaría
escribir las canciones para dárselas a su hija cuando sea
mayor.

9. El juego de nombres

Tenga el hábito de decir el nombre de los objetos
que usted usa cuando está cerca de su bebé. Por ejemplo,
si usted le da mamadera a su bebé, diga "mamila" cada
vez que alimente a su bebé. El bebé principiará a asociar
el sonido de esa palabra con
el objeto, y pronto le
encontrará a su
bebé tratando
de imitar el
sonido de la
palabra.
También,
hable con
su hijo
sobre sus
juguetes y
animales de
peluche, déles
nombres: Osito, Perrito, Muñequita, etc.

8.   Sing to Your Baby

Most of us can carry a tune, at least a little, and your baby won't mind if you hit a few flat notes or can't remember all the words. In fact, you can make up your own nonsense song about an animal, or hum your own lullaby. Find a couple of single lines and an easy melody, and you're all set. You might even want to write the words down to give to your child when he is older.

9.   The Name Game

Get in the habit of saying the names of objects that you use around your baby. For example, if you bottle-feed your baby, say "bottle" each time you feed your baby. She'll begin to associate the sound of that word with the object, and you may soon find her attempting to imitate the sound of the word. Also, talk with your child about her toys and stuffed animals, giving them names: Teddy, Dolly, Doggie, etc.

En casa

Su casa está llena de oportunidades para desarrollar las habilidades de lectura y escritura de su hijo. Las posibilidades casi son interminables. En esta sección le presentaremos algunas actividades que usted puede utilizar en su casa. Muchas de las actividades son breves, pero pueden ser más extensas si el tiempo lo permite.

10.   ¡Autor! ¡Autor!

Libros escritos e ilustrados por su hijo son regalos estimados por los abuelos y abuelas, tíos y tías. Para el niño muy pequeño, ofrézcase a imprimir o escribir a máquina la historia mientras él le dicta. Lleve éste libro de su hijo la maquina de copias local; la "obra maestra" puede ser duplicada de forma barata. Si no encuentra una imprenta cerca de usted, las oficina de correos, las bibliotecas, y aún, en los supermercados tienen máquinas copiadores disponibles para el público. A los autores les encanta que se publique su libro.

Around the Home

Your home is filled with opportunities to develop your child's reading and writing skills. The possibilities are nearly endless. In this section we present some activities you can use at home. Many of the activities are brief, but they could be extended if time permits. With a little effort you can certainly devise numerous other activities on your own.

10.   Author! Author!

Books written and illustrated by your child make treasured gifts to grandpas and grandmas, aunts and uncles. For the very young child, offer to print or type the story while she dictates. Take this masterwork to your local photo-copy machine and make inexpensive copies of your child's book. If there is no copy store near you, post offices, libraries, and sometimes even supermarkets have copy machines available for public use. Authors love to get their works published: Your child will derive a reinforcing sense of achievement from "getting published."

11. Dibujando y escribiendo

Tan pronto como los niños pueden agarrar un lápiz, les encanta dibujar y tratar de hacer letras. Anime a su hijo o hija a darle un título a su dibujo y ayudelo a trazar las letras de su dibujo. Entonces, exhiba su dibujo: A los artistas les encanta tener su propia exhibición. (¡Probablemente pasarán años antes de poder ver otra vez la superficie de ese refrigerador!)

12. Cocinando para leer

A muchos niños les encanta ayudar en la cocina — especialmente si usted está haciendo galletas. Si su hijo está en un banco a su lado, lea la receta en voz alta mientras trabaja, dejando a su hijo poner los ingredientes o ayudar a mezclar. Mientras su hijo vaya creciendo, déjelo leer las instrucciones — hasta donde le sea posible. Esto ayuda a hacer la conexión entre la práctica y el lado placentero de la lectura. Beneficio: usted estará ayudando a su hijo familiarizarse, midiendo tasas y cucharas, con las fracciones. Además, estará enseñándole a su hijo a cocinar.

11. Drawing and Writing

As soon as they can hold a crayon, children love to draw pictures and try to make letters. Encourage your toddler to give a title to her picture, and help her trace the letters of the title onto her drawing. Then post her drawing: Artists love to have their own show. (Here's another use for those magnetic letters—it will probably be years before you see the surface of that refrigerator again!)

12. Cooking to Read

Many children love to "help" with the cooking— especially if you're baking cookies. If your child is on a stool beside you, read your recipe out loud as you go along, letting your child add ingredients or help with stirring. As your child grows, let him read the directions—as much as he can. This helps make the connection between the practical and the pleasurable side of reading. A bonus: You will be helping your child become familiar with measuring cups and spoons, perhaps making fractions easier later on. Also, you'll be teaching him to cook.

13. Recetas favoritas

Mientras recibe usted toda esa ayuda en la cocina, empiece una caja con recetas propias de su hija. Copie — o más tarde ayude a su hija que copie — recetas favoritas y póngalas en un archivero que su hija haya escogido. Nunca hace daño tener otro cocinero en casa. Además, es una actividad práctica y divertida que su hija puede llevar a su primer apartamento algún día.

14. Platicando y escribiendo

Cuando usted tiene un poquito de tiempo, dígale a su hijo que le cuente una historia sobre algún dibujo que ha hecho. Escriba la historia exactamente como su hijo se la cuenta. Cuando el niño sea mayor, anímelo a que escriba toda o parte de la historia. Envíesela a sus abuelos o parientes favoritos. No hay razón para que nadie en la familia tenga un refrigerador sin estos dibujos.

15. Lista del mandado

Permita a su hijo ayudar con la lista del mandado. Puede usted ofrecer comprarle una o dos cosas si él mismo puede escribirlas en la lista. Usted puede tratar también que su hijo escriba el nombre de algo que usted necesite. En la tienda, su hijo puede buscar ese algo, comparando la palabra de la lista con el nombre de lo que usted va a comprar.

13. Favorite Recipes

While you have all that help in the kitchen, begin your child's own recipe box. Copy—or later help your child copy—favorite recipes and put them in a file box that he has picked out. It never hurts to have another cook in the family—and what a fun, practical keepsake for your son or daughter to take along to his or her first apartment.

14. Telling and Writing

When you have a little more time, ask your child to tell you a story about the picture she's drawn. Write the story as it is told. When the child is older, encourage her to write all or part of it. Fold up the story and picture, put them in an envelope, and send them to a favorite grandparent or other relative. There's no reason anyone in the family should have a bare refrigerator door.

15. Grocery Lists

Let your child help with the grocery list. You could even offer to buy one or two items if he can write them on the list himself. You might try having the child copy down the brand name of an item that you need. At the store, your child can look for that item, matching the word on the list to the name on the item.

16.   Tiempo de quehacer

Motive a su niño para que haga una lista de los quehaceres con los que puede ayudar en casa. Deje lugar para estrellas o calcomanías para cuando los quehaceres sean completados. Un ayudante especialmente bueno quizás merezca un regalito especial.

17.   Tarjetas hechas a mano

Haga de las tarjetas hechas a mano una tradición en su casa. Todos se divierten dando y recibiendo tarjetas hechas a mano. Designe tarjetas para ocasiones como el cumpleaños o la navidad, etc.

18.   Letras magnéticas

Compre un juego de baratas letras magnéticas hechas de plástico que se pueden pegar al refrigerador. Póngalas donde su hijo fácilmente las alcance. Cuando usted esté ocupada en la cocina, estas letras le mantendrán feliz — y constructivamente — ocupado. Sin embargo, esté preparado para contestar muchas preguntas de tipo "¿Cómo se deletrea esto?" Ocasionalmente tome momentos para deletrearle palabras con su hijo, y ayúdele a encontrar las letras exactas para la palabra que él quiere deletrear.

16.   Chore Time

Have your child make out a chart listing the chores he can help with around the house. Leave room for stars or stickers when the chores are completed. An extra good helper might deserve a special treat.

17.   Hand-made Cards

Don't let Hallmark have all the fun! Make hand-made cards a tradition at your house. Everyone enjoys making and receiving a card with a little heart in it and some fingerprints on it.

18.   Magnetic Letters

Get a set of inexpensive magnetic plastic letters that will stick to the refrigerator. Place them within your child's easy reach. When you're busy in the kitchen, these letters will keep him happily—and constructively—occupied. Be prepared, though, to answer lots of "What does this spell?" questions. Take a moment occasionally to spell out words for your child, and help him find the right letters to spell some word that he wants.

19.   Pequeños regalos

Plumas, lápices, y papel para escribir son artículos divertidos e interesantes para su niña — son regalos excelentes. Para una jovencita, incluya sobres con sellos y dirección para que usted se asegure de que llegan a sus parientes y amistades las cartas que su hija les escribe.

20.   Lugares especiales

Asegúrese de que el cuarto de su hijo está equipado con estantes fácilmente accesibles y con buena luz al lado de la cama. Llene los estantes con los libros favoritos de su hijo, y también incluya libros que usted espera que su hijo lea algún día.

19.　Little Gifts

Stationery, pens, and pencils are fun and interesting items for your daughter—they make excellent gifts. For a young child, include stamped, addressed envelopes to friends and relatives to make sure that those special letters get sent. A rubber stamp with her name and address on it would make an inexpensive and unique birthday gift for a budding correspondent.

20.　Special Places

Make sure that your child's room is equipped with easily accessible bookshelves and a good reading light beside the bed. Stock the shelves with his favorite books, along with some that you hope he will eventually want to read.

21.   Tesoros escondidos

Juegue con su hija a "El tesoro escondido." Escriba una serie de pistas que usted puede ayudarle a leer, entonces escóndalas en la casa o el jardín. La primera pista debe de llevar a la segunda y así sucesivamente,

hasta que su niña finalmente encuentre el tesoro escondido. El tesoro puede ser cualquier cosa, desde un regalito hasta una canasta de Pascua o un regalo especial de cumpleaños.

22.   Función de marionetas

Muchos de nosotros tenemos tiernos recuerdos infantiles de marionetas hechas de papel. Estos no sólo son una diversión para su niño, sino también lo guían naturalmente para que escriba una historia para las marionetas que actuarán en la función. Ustedes quizás querrán escribir el ensayo juntos, discutiendo ideas en cuanto al trama o los personajes, etc. Usted y su hijo pueden presentar su obra en una fiesta o reunión familiar.

21. Hidden Treasures

Play "The Hidden Treasure Game" with your child. Write out a set of clues that you can help your child read, then hide them around the house or yard. The first clue should lead to the second clue and so on, until your child finally reaches the hidden treasure. This may be anything from a small treat to an Easter basket to a special birthday present.

22. Puppet Shows

Many of us have warm memories of paper-bag puppets from our own childhood. These are not only fun for your child to make but also they lead naturally to your child's writing a play for the puppets to star in. You might want to write the play together, talking over ideas for characters and plots (Who does what next?). You and your child can perform the play at a party or family gathering.

23. Diversión con la tiza

Coloque un pizarrón en un lugar que su niño pueda alcanzar fácilmente y en un lugar donde ustedes pasan mucho tiempo (en la cocina, o el salón familiar, por ejemplo). A los niños les encanta practicar escribiendo letras y palabras — especialmente sus propios nombres. Un pizarrón colocado en un lugar estratégico puede mantener a su niño constructivamente ocupado mientras usted trabaja en su propio proyecto.

24. Cápsula de tiempo

Haga que su hijo coleccione algunos de sus escritos y dibujos y que los ponga en una caja que él ha decorado. Esta caja puede ser utilizada como cápsula de tiempo, con el hijo sellándola y escribiendo por fuera la fecha en que puede abrirse. Usted también podría escribir una carta para su hijo en el futuro; métala en un sobre con las instrucciones de que no se podrá abrir hasta el décimo o decimosexto cumpleaños de su niño.

25. Galería de libros

Haga lugar para los libros o revistas de su hija en el salón familiar de la casa. Lo puede hacer tan conveniente y fácil para ella escoger un libro y leer como lo es prender la televisión.

23. Fun with Chalk

Put a chalkboard within your young child's easy reach in an area where you spend a lot of time (at-home office, basement workbench, kitchen, family room). Children love to practice writing letters and words—especially their own names. A strategically placed chalkboard can keep your child constructively busy while you work at your own project.

24. Time Capsule

Have your child collect some of his writings and drawings and put them in a box he has decorated. This box can be used as a time capsule, with the child sealing it and putting the date it is to be opened on the outside. You might also write a letter to your child in the future; place it in an envelope with the instruction that it not be opened until your child's tenth or sixteenth birthday.

25. Books Galore

Make room for your child's books and magazines in the family or living room. You can make it as convenient for her to pick up a good book as it is for her to turn on the television.

A la hora de dormir

La hora de dormir puede ser un tiempo especial —
o especialmente difícil — para usted y su hijo. Los
expertos están de acuerdo que desarrollar alguna rutina
puede hacer menos difícil y más placentera la hora de
dormir. En esta sección le presentamos algunas maneras
en las que usted puede utilizar la lectura o escritura como
parte de su rutina diaria a la hora de dormir.

26. Cuentos a la hora de dormir

El cuento de antes de dormir es una idea muy
antigua, pero bonísima. Leer un libro corto es
ciertamente más placentero que discutir con su hijo la
hora de dormir. Es muy divertido para ambos cuando
usted selecciona una de sus lecturas favoritas de su
infancia y lee un capítulo o algunas páginas cada noche.

27. Déjelo leer

Cuando su hijo sea lo suficientemente grande para
leer, déjelo leerle a usted el cuento. Pueden compartir la
lectura de unas páginas o unos capítulos de un libro
especial. Luego, cuando su hijo pueda leer solo, usted
puede alentar la lectura poniendo la hora de dormir una
media hora antes de la acostumbrada hora y diciéndole al
hijo que está bien dejar prendida la luz para leer un rato.

At Bedtime

Bedtime can be a special—or an especially difficult—time for you and your child. Experts agree that developing some kind of routine can make bedtime less painful and more pleasurable. In this section we present some ways you can use reading or writing as part of the bedtime routine.

26. Bedtime Stories

The bedtime story is an old idea, but it's a good one. Reading a short book to your child is certainly more pleasant than arguing with her about why she can't stay up "just a little longer." It's fun for both of you when you choose a favorite book from your own childhood and read a chapter or a few pages a night. *Heidi* and *The Black Stallion* are still as good as you remember them to be.

27. Let Him Read

When your child is old enough to read, let him read the bedtime story to you. You might want to take turns reading pages or chapters of a special book. Later on, when he's reading on his own, a good way to encourage more reading is to set bedtime a half-hour earlier than necessary, but say that it's all right to leave the light on and read for a little while.

28. El niño contando cuentos

Si usted se siente demasiado cansada o muy
ocupada para leer, deje que su hijo le cuente un cuento.
Seleccione un animal de peluche o una muñeca, y haga
dos o tres preguntas a su hijo para que invente un cuento:
"¿Porqué crees que este oso tiene ojos tan grandes?"
"¿Este conejito se perdió alguna vez en el bosque?"
Mientras usted va escuchando la tierna historia, estará
aprendiendo, además, algo de la personalidad de su hijo.

29. Me toca a mí

Alternen noches para contar cuentos. Usted
empiece el cuento una noche para que su hija lo termine
la noche siguiente.

30. Canten juntos

Ponga una de las canciones favoritas de su hija en
una grabadora o tocadiscos, y canten juntos.

31. Los recuerdos

Escriban un diario juntos. Tomen cinco o diez
minutos al final de cada día para hablar y escribir cosas
importantes o divertidas que pasaron. Un diario
compartido ayudará, a través de los años, mantener
abierta las líneas de comunicación entre usted y su hija, y
será un recuerdo invaluable de los años de niñez que
compartieron.

28. Children as Storytellers

If you're just too tired or too busy to read, then have your child tell you a story. Pick a favorite stuffed animal or doll, and ask your child a leading question or two: "How did this bear get such big eyes?" "Was this bunny ever lost in the woods?" As you listen to a charming story, you will be hearing about your child's own self.

29. Taking Turns

Alternate telling a story from night to night. You start the story one night, with your daughter adding to it the next night, and so on.

30. Sing-a-long

Play one of your daughter's favorite songs on a record or tape player and sing along with it.

31. Making Memories

Keep a diary together. Take five or ten minutes at the end of each day to talk about and write down important or fun things that happened. A joint diary, kept over the years, will help keep the lines of communication open between you and your child, and it will be an invaluable keepsake of the growing-up years you spent together.

32.　Dulces sueños

Inventen un sueño agradable antes de ir a dormir. Usted cuéntele su sueño a su hijo y deje que él le cuente el suyo. También usted puede inventar un sueño a su hijo, y su hijo que lo invente a usted.

33.　Oración antes de dormir

Si a usted le gusta orar antes de dormir, ore en compañía de su hijo. Escuche las oraciones de su hijo. Deje que su hijo escuche las de usted. Tomen turnos orando juntos y usen oraciones inventadas o ya establecidas.

Jesucito de mi vida
Eres niño como yo
Por eso, te quiero tanto
Y te doy mi corazón.

32. Sweet Dreams

Invent a pleasant dream before bedtime. You tell your dream to your child, and he tells you his, or invent dreams for each other.

33. Bedtime Prayer

If you like to "say your prayers" at bedtime, pray with your child. Listen to your child's prayers. Let your child hear your prayers. Take turns praying together, and use your own words or any of the prayers that have blessed many a bedtime:

> *Now I lay me down to sleep,*
> *I pray Thee, Lord, this child to keep.*
> *Thy love stay with me through the night*
> *Until the morning brings its light.*

En la carretera

"¿Ya casi llegamos?"

"¡Tengo que ir al baño!"

"¡Tengo hambre!"

Repetidos a intervalos de treinta segundos, estas frases lo ponen a usted bastante nervioso, pero le da a entender que sus niños están aburridos. Juegos de palabras y actividades de lectura y escritura pueden ayudar a cambiar esa melodía.

La lectura— ¡qué divertida!

On the Road

"Are we there yet?"

"I have to go to the bathroom!"

"I'm hungry!"

Repeated at thirty-second intervals, these phrases make up the nerve-wracking chorus of bored children in the car. Word games and reading and writing activities can help change that tune.

34. Juego de ritmo

Un simple juego de ritmo es divertido y buena práctica para los niños pequeños que están aprendiendo que ciertas letras representan ciertos sonidos. El padre dice la primera palabra deletreada: "C-A-S-A se pronuncia *casa*," y luego cambia la primera letra para producir una palabra de ritmo: "T-A-S-A se pronuncia _____" El niño figura — con ayuda si la necesita — qué palabra es. Haga la lista de palabras con ritmo lo mas larga posible: "M-A-S-A se pronuncia _____, P-A-S-A se pronuncia _____," etc. (Puede ser un viaje bastante largo.)

35. Su propio museo

La mayoría de los niños son colectores de cosas por naturaleza, como usted se podrá dar cuenta cuando revisa las bolsas de sus pantalones al lavarlos. En los viajes, anime a su hijo a coleccionar cosas — piedras, hojas, plumas. Déjelo escribir información: ¿Qué es? ¿Cómo y cuándo se encontró? ¿Para qué se utiliza? Cuando regresen a casa, su hijo puede hacer un museo incluyendo las cosas que encontró durante el viaje.

36. Libros de bolsillo

Guarde un libro pequeño en el compartimiento de guantes de su coche. Léaselo a su hija o deje que ella se lo lea a usted.

34. Rhyme Game

A simple rhyming game is fun and good practice for young children who are learning that certain letters represent certain sounds. A parent supplies the first word: "C-A-R spells car," and then changes the first letter to produce a rhyming word: "T-A-R spells _____." The child figures out—with help, if needed—what the word is. Make the list of rhyming words as long as possible: "F-A-R spells _____," "S-T-A-R spells _____," and so on. (It may be a long trip to where you're going.)

35. Your Own Museum

Most children are natural collectors of things, as you find out in their pockets on wash day. On trips, encourage your child to collect things—rocks, leaves, feathers. Have her write information about the object on a 3"x 5" card: what it is, where and when it was found, what it's used for. When you return home, your child can set up a museum display of the items collected on the trip.

36. Handy Books

Keep a small book or two in the glove compartment. Read to your child, or have her read to you.

37. Melodramas

Los melodramas son una manera divertida para
construir historias oralmente. Alguien empieza una
historia, continuando hasta que se alcance un momento
emocionante, entonces se para, dejando a la otra persona
que continúe. Esto sigue hasta que se resuelve la historia
— o hasta que la historia sea demasiado tonta para
continuarla.

38. Documental

En un viaje, lleve una grabadora pequeña. Grabe
impresiones, conversaciones, y descripciones generales
conforme vayan viajando. Conserve la cinta con las
fotografías de su viaje.

39. Juego de deletreo

Con el niño que empieza a leer, juegue un juego
fácil de deletreo/adivinanza. Deletree cosas que usted
observa, y permita que su hijo adivine que es lo que usted
está deletreando: "Yo veo una V-A-C-A". Déle todas las
indicaciones que necesite para ayudarlo.

V - A - C - A

37. Cliffhangers

Cliffhangers are a fun way to build a story orally. Someone starts a story, continuing until some exciting spot is reached, then breaks off, leaving the next person to continue. This goes on until the story is resolved—or until the story gets too silly to continue.

38. Travelogue

On a trip, take along a small tape recorder. Record impressions, conversations, and general descriptions as you travel. Keep the tape—or a handwritten or typed manuscript of the tape—with the photographs from your trip.

39. Spelling Game

For the child who is beginning to read, play a simple spelling/guessing game. Spell the names of things that you observe, and let your child guess what it is you're spelling: "I see a C-O-W." Give as many hints as she needs.

C - O - W

40. Mirando hacia adelante

Para los viajes largos, vaya a la biblioteca y escoja libros relacionados a su viaje. Incluya algunos libros con dibujos interesantes. Mientras viajan, usted y su hija miren en los libros, busquen respuestas a preguntas que ambos puedan tener sobre los lugares por los que están pasando y prepárense para los próximos lugares.

41. Letreros

En viajes familiares cortos, señale y lea todos los letreros que encuentren en el camino. Cuando viajen otra vez por la misma carretera, jueguen un juego para saber cuántos letreros puede recordar, señalar o leer su hijo.

42. Juego de igualdad

Deje que su hijo haga un conjunto de tarjetas de dibujos utilizando pasteles, revistas viejas, pegamento y tarjetas de tamaño 4″ x 6″. Cuando termine, escriba el nombre de cada dibujo en otro conjunto de tarjetas de 4″ x 6″. Póngalas, junto con unos sujetapapeles en una bolsita y manténgalas en el compartimiento para guantes. Serán bien para cualquier número de juegos para mantener las manos y la mente activas, combinando las palabras con los dibujos.

40. Looking Ahead

For longer trips, go to the library ahead of time and pick out books related to your destination, as well as to the places you will be traveling through. Include some books with interesting pictures. As you travel, you and your child can browse through the books, look up answers to questions you both may have about the places you are passing, and get ready for what's coming next.

41. Signs

On short, familiar trips, point out and read any signs you pass. Whenever you make the same trip, play a game to see how many signs your child can remember or point out or read.

42. Matching Game

Let your child fashion a set of picture cards using crayons, old magazines, glue, and 4″ x 6″ note cards. When she's finished, you print the names of the pictures on another set of 4″ x 6″ cards. Put them, along with a handful of paper clips, in a small resealable bag and keep them in the glove compartment. They'll be good for any number of games to keep hands busy and the mind active, matching words to pictures.

43.   "A" es para aliteración

Un sencillo juego de aliteración puede ser divertido para los pequeñitos. Escoja una letra del alfabeto y tomen turnos nombrando cosas que empiezan con ese sonido: "M es para muñeca," "M es para mamá," "M es para mundo," y "M es para mucho más."

44.   Tablero portátil de fieltro

Un tablero portátil de fieltro es un juguete para viajar barato y conveniente. Corte la esquina de abajo de una caja de cartón y pegue con cinta adhesiva las dos piezas juntas. (Esto permite al tablero doblarse). Ponga goma a una pieza de fieltro para que cubra un lado. Entonces corte letras de fieltro en varios colores. Las letras se pegarán naturalmente al tablero. Guarde las letras en una bolsa para usarlas a su conveniencia.

45.   Juego de memoria

Otro juego de memoria-abecedario se puede jugar con niños más grandecitos. Nombre su destino y diga una cosa que usted quiera ver o comprar cuando llegue a su destino. Empiece con algo que empiece con "A," y todos tomen turnos añadiendo cosas a la lista, continuando por todo el alfabeto. En cada ronda, hay que nombrar todo lo de antes: "Yo voy a la tienda a comprar aguacates." "Yo voy a la tienda a comprar aguacates y bombones." Vean qué tan extensa puede hacer su lista.

43. "A" is for Alliteration

A simple game of alliteration can be fun for toddlers. Choose a letter of the alphabet and take turns naming things that begin with that sound: "M is for monkey," "M is for mommy," "M is for milk," and M is for much more.

44. Portable Felt Board

A folding felt board makes a convenient and inexpensive travel toy. Cut the split bottom from a cardboard box and tape the two pieces together. (This allows the board to fold.) Glue on a piece of felt to cover one side. Then cut out felt letters in various colors. The letters will naturally stick to the board. Keep the letters in a resealable bag for take-along convenience.

45. Memory Game

Another alphabet/memory game can be played with slightly older children. Name your destination and tell one thing that you're going to take along or buy or see when you get there. Begin with something that starts with "A," and take turns adding things to the list, continuing through the alphabet. On each turn, name everything that has been listed previously: "I'm going to the store, and I'm going to buy apples." "I'm going to the store, and I'm going to buy apples and butter." See how long you can make your list.

46. Como habla la gente

Usted y su hija afinen sus oídos para que se den
cuenta la manera de hablar de las personas de estos
lugares, estados, o paises. Compartan sus observaciones
sobre los diferentes lenguajes y acentos y sobre lo
interesante e inusual de las palabras que usan otras
personas. Al discutir esto, ambos estarán más informados
sobre el lenguaje.

46. How People Talk

You and your child can tune your ears to the "funny" way people talk in other parts of the country. Share your observations about the differences of language and accent and about the interesting and unusual words you hear people using. Discussing these with your child will make you both more aware of language.

Fuera y alrededor

Más y más, los padres se acompañan de sus hijos — van fuera a comer, van a obras teatrales, a conciertos, etc. Ya sea que su hijo esté sentado junto a usted porque usted pensaba que disfrutaría de la música o porque no pudo encontrar quien lo cuidara, las actividades de lectura y escritura pueden hacer estos momentos más agradables y valiosos.

47.   "Tengo que ir . . ."

Una simple experiencia en lectura para muchos niños es aprender a leer los letreros en las puertas de los baños — ¡información muy importante! Fíjese en la sonrisa de satisfacción cuando su hijo pueda diferenciar entre "HOMBRE" y "MUJER".

MUJERES   HOMBRES

Out and About

More and more, parents are taking their children with them—running errands, going out to eat, attending plays and concerts. Whether your child is sitting beside you because you thought he'd enjoy the music or because you couldn't find a sitter, reading and writing activities can make these times more fun and more worthwhile.

47. "I Gotta Go. . . ."

A simple first reading experience for many children is learning to read the signs on the restroom doors—very important information! Look for the proud smile when your child can tell the difference between "MEN" and "WOMEN."

48. Programas y boletines

Asegúrese de que su hija tenga un programa de la obra teatral o concierto que está a punto de ver o escuchar. Leyéndoselo a ella o leyéndolo junto con ella ayudará a hacer ese tiempo antes del programa menos inquietante para la hija y también le ayudará a disfrutar de la función cuando empiece. En la iglesia, usted puede tratar de leer parte del boletín o del himno en voz baja con su niña. Algunas iglesias tienen boletines especiales para niños.

49. Comiendo fuera

Si ustedes van a comer fuera, dejen que su hija ayude en la elección del restaurante. Busquen juntos en las páginas amarillas del directorio telefónico o anuncios del periódico para que los ayude a decidir.

50. Leyendo el menú

En el restaurante, asegúrense de que le den un menú a su hija. Anímenla a pedir su propia comida, apuntando y leyendo en lo que pueda estar interesada. Eventualmente, empezará a identificar platillos en el menú y tratará de identificar los que no le son familiares.

48. Programs and Bulletins

Make sure that your child gets a program for the play or concert you're about to hear or see. Reading to or with him will help make that time before the show less fidgety and will also help him enjoy the show more once it starts. In church, you might try reading parts of the bulletin or the hymnal quietly with your child. Some churches have special bulletins for children.

49. Going Out to Eat

If you're going out to eat, let your child help pick out the restaurant. Look together through the Yellow Pages or newspaper advertisements to help make the choice.

50. Reading the Menu

At a restaurant, make sure that your child gets a menu. Encourage her to order for herself, pointing out and reading items she might be interested in. Eventually, she will identify familiar items on the menu herself and will try to figure out unfamiliar ones.

51. Tenga siempre un lápiz

Asegúrese de traer plumas, lápices y uno o dos lápices de iluminar en su bolsa o compartimiento para guantes. Un mantelito individual de papel en un restaurante hace una superficie estupenda para dibujar y pintar.

52. Pequeños compradores

En la tienda de abarrotes, deje que su niño lea la lista de artículos que usted necesita. Déle un lápiz para que pueda tachar artículos conforme usted los va poniendo en el carrito de mandado.

53. Leyendo ingredientes

Existen ciertas cosas que usted quiere que su hijo coma y ciertas cosas que no. Ayúdele a aprender a reconocer ciertas guías en las etiquetas de los productos. Puede que todavía quiera esa caja de cereal con el dibujo del "He-Man," pero si ve que el azúcar es el primer ingrediente de la lista, por lo menos tendrá una idea de por qué es mejor no comer ese cereal.

54. En la gasolinera

En la gasolinera, usted puede ayudar a su hija a leer símbolos y precios, las diferentes marcas y grados de gasolina, así como las marcas de los coches y camiones que ve.

51.   Always Have a Crayon

Be sure to keep pens, pencils, and a crayon or two in your glove compartment or purse. A paper placemat in a restaurant makes a great drawing and writing surface.

52.   Little Shoppers

At the grocery store, let your child read the list of items you need. Give him a pencil so he can cross out items as you put them into the cart.

53.   Reading Ingredients

There are some things you want your child to eat, and some things that you don't. Help him learn to recognize certain watchwords on products' labels. He might still want that box of cereal with the He-Man holograph on the front, but if he sees that sugar is the first ingredient listed, he will have at least some idea of why it's better not to eat it.

54.   At the Gas Station

At the gas station, you can help your child read the signs and prices, the different kinds and grades of gas, and the brand names of cars and trucks.

55. Reconociendo etiquetas

Deje que su hijo vea si puede escoger por la marca los artículos que usted compra regularmente. Lea cualquier etiqueta que él piense pueda ser la correcta. Cuando él escoja la correcta, léala dos o tres veces junto con él. La próxima vez que vayan a la tienda, déjelo tratar de nuevo. Pronto podrá reconocer las etiquetas por su nombre, así como por su color y diseño.

56. En el cine

Los cines están llenos de letreros. Su niño disfrutará del sentido de la independencia que gana aprendiendo a leer "palomitas," "baños," y "teléfono." Con su ayuda, es posible que pueda figurar por qué puerta del cine múltiple puede entrar para ver la película que quiere.

57. ¿Quién está en el espectáculo?

Como adultos, automáticamente registramos los títulos y créditos que aparecen en pantalla. Tómese el tiempo de decirlos en voz baja a su hija. Hasta a los niños muy pequeños les gusta saber por qué están todas esas palabras en la pantalla.

¡VIVA EL CINE!

55.   Recognizing Labels

Let your toddler see if he can pick out the brand-name items that you buy regularly. Read any labels he thinks might be the right ones. When he picks out the right label, read that label two or three times with him. Next time you're in the store, let him try again. Soon he will be able to recognize the label by name as well as by color and design.

56.   At the Movies

Movie theaters are full of signs. Your toddler will enjoy the sense of independence he gets from learning how to read "Popcorn," "Restrooms," and "Telephone." With your help, he might even be able to figure out which doors in a multiplex cinema to go through for the movie you want.

57.   Who's in the Show?

As adults, we automatically scan titles and credits as they roll up the screen. Take the time to whisper them to your child. Even very young children like to know why all those words are on the screen.

58.   Haciendo cola

No hay nada que haga mas infeliz a un niño que
tener que hacer cola. Mientras esperen juntos para pagar
el mandado, comprar las entradas para una película, o
para ver a "Santa Claus," un juego de abecedario puede
hacer que el tiempo se vaya más rápido. Mire a su
alrededor envolturas de dulces, cubiertas de revistas,
camisetas de la gente — dondequiera que usted
encuentre letras. Trate de encontrar, en orden, todas las
letras del alfabeto. Si su hijo es pequeño, probablemente
es mejor que busquen juntos. Los niños mayores pueden
divertirse haciendo concursos.

59.   Haciendo recados

Cuando usted tiene que hacer recados dentro de la
ciudad y lleva a su hija, explíquele el nombre de los
lugares a los que irán y las direcciones para llegar ahí.
Mientras usted maneja hacia cada lugar, déjela tratar de
dibujar un mapa, escribiendo los nombres de las calles y
los diferentes lugares a los que van ustedes. Ella puede
fijarse en los letreros de las calles y copiar los nombres de
las calles por las que ustedes pasen durante su recorrido.

58. Waiting in Line

There's nothing like waiting in line to make a child unhappy. While you're waiting together to pay for your groceries, buy your movie tickets, or see Santa Claus, another little alphabet game can make the time go faster. Look around you at candy-bar wrappers, magazine covers, people's t-shirts—wherever there are letters. Try to find, in order, all the letters of the alphabet. If your child is young, you'll probably want to look together. Older children might enjoy making it a contest.

59. Running Errands

When you have to run errands around town and are taking your child with you, explain to her the names of the places you are going and the directions for getting there. Then as you drive to each place, have her try to draw a map of the trip, including writing down the street names and the various places you stop. She can watch for street signs and copy the names from signs when you arrive at each point along your journey.

60.   En la biblioteca

Mucho antes de que su niño pueda leer, él está preparado para su primera credencial de biblioteca. La mayoría de las bibliotecas tienen secciones especiales para niños donde pueden escoger libros que quieren que usted les lea o libros que quieren ver por sí mismos. Mientras más pronto su niño tenga la tarjeta de la biblioteca, más le gustará hacer de los libros y bibliotecas parte natural e importante de su vida.

60. At the Library

Long before your child can read, he is ready for his first library card. Most libraries have special children's sections where he can pick out books for you to read to him or books he just wants to look at on his own. A trip to the library can make a nice outing for your child and his sitter, as well. The sooner your child gets a library card, the more likely he will be to make books and libraries natural and imporant parts of his life.

If the library rules allow, don't take home a mere four or six books; bring them home by the bag. Let there be books aplenty!

Cuando usted está lejos

Es una necesidad de la vida contemporánea que muchos padres tengan que viajar como parte de su trabajo. Sin embargo, usted y su hijo pueden aprovecharse de esta buena oportunidad para aprender. En esta sección le presentamos ideas para actividades que lo incluyen a usted en la vida de su hijo mientras esté fuera de la casa, y ayudan a su hijo a crecer en su habilidad de leer y escribir.

61. Mensaje a la hora de dormir

Antes de que usted se vaya al viaje, anote un mensaje especial para su hija y póngalo bajo la almohada en su cama. Su hija buscará con entusiasmo el mensaje, y usted habrá establecido un enlace con ella que lo compensará por el tiempo que usted está fuera de casa.

62. Escuchando su voz

Tome algunos minutos con una grabadora antes de que se vaya al viaje. Léale un cuento — por ejemplo, uno de los favoritos de su hijo — o déjele su propio mensaje para que lo escuche mientras usted esté fuera. Cuéntele del lugar al que va y que hará allí. Dígale cuando regresará. Si usted estará fuera por algunos días, su hijo puede marcarlos en el calendario. ¡No olvide de comunicarse con él durante este tiempo!

When You're Away

It is a fact of contemporary life that many parents have to travel as part of their jobs. This travel, however, can be turned to your child's advantage with only a little bit of effort on your part. In this section we present ideas for activities that can include you in your child's life while you're away from home, and that help your child grow in his ability to read and write.

61.   Bedtime Message

Before you leave on a trip, jot a special message to your child and slip it under the pillow on her bed. Your child will look forward to receiving the message, and you will have established a link with her to compensate for being away from home.

62.   Hearing Your Voice

Spend a few minutes with a tape recorder before you leave on a trip. Either read a story—perhaps one of your child's favorites or one you've been reading to her in person—or leave your own message for her to play back

 while you are away. Tell her about where you are going and what you are doing. Tell her when you will return. If you are to be gone for several days, she can mark the calendar — and don't forget to call.

63. Contestando preguntas

Antes de que usted se vaya de viaje, motive a su hijo a escribir — o que le dicte — un par de preguntas que tienen que ver con su destino. Puede que el hijo quiera saber cómo se ve el océano desde San Francisco o qué tan grande es la Estatua de la Libertad. Tómese unos minutos durante su viaje para contestar, escríbala, y comparta la información a su regreso.

64. Fotos del viaje

Si su hija es demasiado pequeña para leer y escribir, dibuje algunas de las atracciones que ve usted, o coleccione tarjetas postales, revistas del hotel, y folletos de viaje; entonces etiquételos o escriba una pequeña frase descriptiva. Quizá su hija querrá dibujar o etiquetar cosas que ve mientras usted esté fuera.

65. Recuerdos

Traiga a la casa interesantes folletos, mapas, menús, mantelitos individuales, y otra información que colecciona usted durante sus viajes. Desde que "es la intención la que cuenta," estos regalos son mas valiosos que ese juguete carísimo que compró a última hora en la tienda del aeropuerto.

63.   Answering Questions

Before you leave on a trip, have your child write down—or dictate to you—a couple of questions concerning your destination. The child may want to know what the ocean looks like in San Francisco or how big the Statue of Liberty is. Take a minute during your trip to get the answer, jot it down on the other side of the card, and share the information when you return home.

64.   Pictures from a Trip

If your child is too young to read or write, sketch major attractions that you see, or collect pictures from airline and hotel magazines and travel brochures; then either label them or print a short descriptive sentence. Perhaps your child will want to sketch and label things she sees while you are away.

65.   Mementos

Bring home interesting brochures, maps, menus, placemats, and other information trinkets that you pick up on your travels. Since "it's the thought that counts," this thoughtful kind of coming-home gift is far more valuable than an over-priced stuffed animal bought at the last minute in an airport shop.

66.   Un mensaje secreto

Antes de que se vaya, dígale a su hijo que le dibuje
o escriba un mensaje, que lo selle y lo ponga en un sobre
que usted pueda abrir y leer cuando llegue a su destino.

67.   Periódicos

También
traiga a casa
dibujitos de periódicos
lejanos o un artículo
sobre deportes u otro
tema en el que su
hijo esté
interesado. Que su
niño busque en el
periódico local que se
recibe en casa artículos
en los que usted pueda estar
interesado. Compartan estos
cuando usted regrese.

68.   Mande una tarjeta

Asegúrese de llevar consigo
timbres postales en sus viajes y
así puede encontrar una tarjeta postal y enviarla a su
casa con una breve nota. Sólo le toma un minuto, y si
usted regresa aún antes que la tarjeta, es todavía una
manera de compartir el viaje con su hija.

66.   A Secret Message

Before you leave, ask your child to draw or write a message to you and seal it in an envelope that you can open and read when you reach your destination.

67.   Newspapers

You might also bring home cartoons from a distant newspaper or an article about sports or some other topic your child is interested in. Have your child keep an eye out for articles in the local paper at home in which you might be interested. Share these when you return.

68.   Send a Card

Be sure to carry stamps with you on trips so you can pick up post cards and mail short notes home. It takes only a minute, and even if your return beats the delivery, the card is a way of sharing your trip with your child.

69. Reciba una tarjeta

Usted puede también poner direcciones y sellos en sobres o tarjetas dirigidas al hotel donde se quedará durante un viaje largo. Esto facilitará a su hija mandarle a usted una carta mientras usted esté fuera.

70. Pensando en ti

Antes de que salga, acuerden de pasar diez minutos separados sin embargo juntos durante el viaje, se sentarán en silencio y pensarán uno en el otro. Escriban lo que se dirían si estuvieran juntos.

71. Dos cuentos

Antes de que usted salga, planee a inventar un cuento con su hijo, cada uno inventando un cuento con el mismo tema, por ejemplo, "El día que conocí la Banana Gigante." Cualquier idea caprichosa estará bien. Cuando regrese de su viaje, compartan el cuento de cada uno, y comparen qué tan parecidas o diferentes son.

72. Discusión deportiva

Si usted y su hija comparten un interés, por ejemplo, en un equipo local deportivo, dígale a su hija que ponga atención a lo que hace el equipo durante su viaje. La niña se hace un periodista de sport, y quizás usted puede hacer lo mismo con un equipo del otro lado del país.

69. Get a Card

You might also pre-address and stamp envelopes or cards to the hotel where you will be staying on a long trip. This will make it easy for your child to drop you a letter while you're out of town.

70. Thinking of You

Before you leave on a trip, agree to set aside ten minutes when you, at your end, and your child, at home, will sit quietly and think about each other. Write down what you'd say if the two of you were together.

71. Two Tales

Before you leave on a trip, plan to invent a story with your child, each of you making up a story on the same theme, for example, "The Day I Met the Giant Banana." Any silly idea will work. When you return, share each other's stories, and compare how alike and different they are.

72. Sports Talk

If you and your daughter share an interest such as following a local sports team, ask her to keep a record of how the team does while you are away. She becomes a sports journalist, and perhaps you can do the same about a team on the other side of the country.

73. Telegrama

En vez de siempre telefonear a su casa, mande un telegrama. Es otra forma de comunicarse con su familia, y demuestra que usted valora las palabras escritas como forma de comunicación.

74. Tiempo especial

Cuando regrese de un viaje largo, pase un tiempo muy especial con su hijo. Quizás los dos puedan dar un paseo juntos. Lo importante es hablar, escuchar, compartir. Haga de esto una rutina de bienvenida. Los niños lo esperarán con gusto, y esto les ayudará a ambos enterarse de las actividades de cada uno.

73. Telegram

Instead of always phoning home, send a telegram. It's another way of reaching out to your family, and it shows that you value the printed word as a means of communication.

74. Special Time

When you return from a long trip, spend some special time with your child. Perhaps the two of you could take a walk together. The important thing is to talk, to listen, to share. Make this a homecoming routine. Children look forward to it, and it will help both of you catch up on each other's activities.

Utilizando la televisión

Mucha gente piensa que la televisión es la mayor causa de problemas de lectura y escritura en los niños. Sin discutir todos los pros y contras, nosotros nos aseguramos que en la mayoría de las casas hay televisión, y que los niños la ven regularmente. Entonces ¿cómo puede usted usar la televisión para beneficiar a los niños? Utilícelo como un instrumento para ayudar a su hijo a aprender a leer y escribir.

75. ¿Qué pasa después?

Cuando están mirando juntos un programa dramático de televisión, y pasan un comercial, cada uno de los miembros de la familia puede escribir qué piensan que pasará siguiente en el trama de la historia. Todos tienen que escribir algo. La persona que se acerque más puede ganar algún tipo de premio.

Como usar bien la televisión. / Using television wisely.

Using Television

Many people think that television is the cause of most of the problems our children have with reading and writing. Without going into all the pros and cons, we assume that most homes have television, and that children will watch it regularly. How, then, can you use television for your child's benefit? Use it as a tool to help your child learn to read and write.

75. What Happens Next?

When you are watching a dramatic television show together, and a commercial comes on, each family member could write down what he or she thinks will happen next in the plot of the story. The key is getting everyone to write something down. The person who comes closest might win some kind of prize—such as having the losers go pop the popcorn.

Yet another rerun! / ¡Otra vez un rerun!

76. Su propio espectáculo

Muchos de los pequeños espectadores de televisión están familiarizados con el formato típico de la comedia. Haga que su familia se imagine que los productores de televisión quieren hacer una comedia basada en su vida familiar. Ellos les piden que ustedes inventen la idea básica para el espectáculo y el primer guión. Trabajen juntos para escribir el guión.

77. Publicidad familiar

Cada miembro de la familia escribe un comercial para publicar y "vender" los buenos aspectos de otros miembros de la familia.

78. Juego por juego

Si su hija tiene interés en los deportes, baje el volumen de algún partido en la televisión y tomen turnos siendo el locutor. Esta actividad ayudará a desarrollar habilidades en tanto el hablar como el observar.

79. Caricaturas

Si a su hija le gustan los dibujos animados en la televisión, no tema comprar los caricaturas que acompañan tales dibujos animados. Muchos buenos lectores empezaron por leer caricaturas en el supermercado.

76. Your Own Show

Most young television viewers are familiar with the typical sitcom format. Have your family imagine that television producers want to make a sitcom based on your family's life. They've asked you to come up with the basic idea for the show and a first script. Work together to write the script.

77. Sell Your Sibling

Draw family names out of a hat. Each family member writes a commercial to "sell" the good aspects of the person whose name was drawn.

78. Play-by-Play

If your child is interested in sports, turn the sound down on a broadcast and take turns being the announcer. This activity will help develop skills in both observing and speaking.

79. Comic Books

If your child likes TV cartoons, don't be afraid to buy the comic books that are packaged and marketed to go along with cartoons. Many good readers have started out by reading supermarket comics.

80. Jóvenes caricaturistas

Quizás también a usted le gustaría que su hija escribiera e ilustrara su propio caricatura. Ella puede empezar con caricaturas que le son familiares y después desarrollar unas más originales. Tanto como con otras ideas que tienen que ver con los libros, este tebeo puede ser duplicado de forma barata y ser distribuido a amigos y parientes.

81. Escogiendo un espectáculo

En vez de dejar a su hijo que vaya siempre cambiando la canal de la televisión, lea junto con él la guía de programas. Hablen de los varios programas y cuál será el más interesante para ver. Tenga a su hijo en el hábito de leer sobre el programa primero y ser selectivo en cuanto a los programas que mire.

82. Cartas de admiradores

Usted y su hija pueden escribir cada uno una carta a su artista favorito de la televisión. La mayoría de las personalidades de los medios publicitarios, desde las estrellas de Hollywood hasta los políticos, tienen a alguien que contesta su correspondencia. Así, tienen casi garantizado algún tipo de respuesta; de vez en cuando, es posible que ustedes reciban una nota personal.

83. Las noticias de la familia

Vean juntos los programas de noticias. Entonces, escriban y representen su propia versión de "Las noticias de la familia" para informarles a todos de todo lo que está haciendo la familia.

80. Young Cartoonists

You might also have your child write and illustrate her own comic book. She can start with familiar TV characters and then develop her own. As with other book ideas, this comic book could be duplicated cheaply and distributed to playmates, friends, and relatives.

81. Choosing a Show

Instead of allowing your child to channel-surf, read through the television program guide with him. Talk about various shows and which ones might be interesting to watch. Get your child in the habit of reading about the program first and being selective in what shows he watches.

82. Fan Mail

You and your child can each write a fan letter to your favorite television personality. Most media personalities, from Hollywood stars to politicians, have someone who answers their mail, so you're almost guaranteed some kind of response; once in a while, you may even get a personal note.

83. The Family News

Watch the news shows together. Then, for a family gathering, write and perform your own version of "The Family News," bringing everyone up-to-date on family doings.

84. Adivinanzas en la televisión

Inventen su propio juego de adivinanzas al estilo de un programa de televisión. Utilicen diferentes tarjetas de tamaño 3″ x 5″ y de varios colores para diferentes categorías: los deportes, las telenovelas, las noticias, etc. Hagan preguntas sobre lo que se ve en la televisión durante una o dos semanas. Entonces, una tarde, en lugar de mirar la televisión, tengan su propio concurso de adivinanzas de televisión.

85. Entendiendo los anuncios

Hable de los anuncios en la televisión con su hijo, tratando de ayudarlo a analizar y entender cómo funcionan — cómo nos interesan en el producto y nos hacen querer comprarlo. Después de ver un anuncio, usted y su hijo anoten

Nuestro Producto

qué tipo de información recibieron del mensaje comercial. Si no hubo mucha información verdadera, discutan la impresión que les causó el anuncio, cómo los afectó y porqué.

84. TV Trivia

Make up your own television trivia game. Use different colored 3"x 5" cards for different categories: sports, cartoons, sitcoms, game shows, soap operas, news. Make up questions over a week or two of television viewing; then one evening, instead of watching television, make a bowl of popcorn and have your own TV Trivia Contest.

85. Understanding Commercials

Talk about commercials with your child, trying to help her analyze and understand how commercials work—how they get us interested in the product and make us want to buy it. After seeing a commercial, you and she jot down what kind of actual information you received from the commercial message. If there isn't much factual information, talk about what impression the commercial made, how it affected you, and why.

86.　¿Qué pasaría si . . . ?

Jueguen juntos un juego de "¿Qué pasaría si . . .?" con un programa de televisión. Por ejemplo, con un programa policiaco la pregunta puede ser "¿Qué pasaría si el héroe fuera mujer en vez de hombre?" o "¿Qué pasaría si el villano no hubiera escapado en el momento crítico?" Al jugar así su hija estará pensando en el argumento del programa y en otras maneras en que se podría haberlo escrito. Así, usted puede ayudarle a ser un televidente activo.

87.　Opciones múltiples

Si usted está preocupado porque su hija está mirando demasiado televisión, siéntense juntos y hagan

una lista de cosas que a ella le gustaría hacer en lugar de mirar la televisión.

Seleccionen una de estas cosas cada semana y háganla en vez de mirar la televisión.

86. What If . . . ?

Play the "What if . . . ?" game with a television show. For instance, take a police show and ask, "What if the hero were a woman instead of a man?" or "What if the villain hadn't escaped at the critical moment?" Playing this game will get your child thinking about such things as plot and other ways the show might have been written. You're helping your child become an active, not a passive, viewer.

87. Multiplying Options

If you are worried that your child is watching too much television, sit down together and come up with a list of things he likes to do in addition to watching television. Select one of these each week and do it in place of watching a television show that you both agree is "not our favorite."

Éxito en la escuela

Todas estas 101 actividades pueden, de muchas maneras, ayudar a su hijo a tener éxito en la escuela. Específicamente, como quiera que sea, las ideas en esta sección le ayudarán a apoyar el aprendizaje de su hijo en la escuela con el aprendizaje en casa. Viendo a su hijo marcharse a la escuela por vez primera le hará sentirse un poco impotente. Otro adulto, el maestro, gradualmente entrará en la vida de su hijo en un rol de creciente importancia. ¿Cómo puede usted estar seguro de que su hijo está recibiendo una buena educación? ¿Qué está aprovechándose de las oportunidades que se le presentan en la escuela? ¿Qué usted y su hijo seguirán con una relación unida y tierna? He aquí algunas actividades de lectura y escritura que pueden ayudar.

88. "¿Qué hiciste en la escuela hoy?"

Asegúrese de hablar con — y escuchar a — su hijo sobre su día escolar. No se conforme con un "Fue bien." Haga preguntas específicas: "¿Qué hiciste durante el recreo?" "¿Aprendiste alguna canción nueva?" Con un niño mayor, discuta las nuevas ideas que está aprendiendo y los eventos importantes que les afectan a ambos. Es cosa de pocos minutos, pero es una actividad de lenguaje que se convertirá en un hábito duradero.

Success in School

All of these 101 activities can, in several ways, help your child succeed in school. Specifically, however, the ideas in this section will help you support your child's learning in school with learning in the home. Seeing your child off to school for the first time can make you feel a little helpless. Another adult, the teacher, is going to enter your child's life in a role of gradually increasing importance. How can you be sure that your child is getting a good education and taking advantage of the opportunities presented at school? That the two of you will maintain your close, warm relationship? Here are some reading and writing activities that can help.

88. "How Was School Today?"

Be sure to talk—and listen—to your child about the school day. Don't settle for, "It was OK." Ask specific questions: "What did you do during recess?" "Did you learn any new songs?" With an older child, discuss the new ideas that he is learning and the important events that affect you both. It only takes a few minutes, and it's a language activity that will become a worthwhile habit.

89. Libros escolares

Anime a su hijo que traiga a casa sus libros de lectura. Tomará gran placer en leérselo a usted. Asegúrese de premiar sus esfuerzos. Esto le dará la oportunidad de hablar de los cuentos que lee, discutiendo algún personaje favorito, unas posibles maneras de cambiar la historia y unas palabras que le son chistosas o que no le son familiares.

90. Tiempo para la tarea escolar en casa

Aún en los primeros años, su niño probablemente llevará tarea escolar a casa ocasionalmente. Dedique media hora cada día para que su hijo pueda hacer su trabajo, leer su libro favorito, dibujar o escribir. Es muy importante hacer de este tiempo un placer, no un castigo.

89. School Books

Encourage your child to bring her reading book home. She'll take great delight in reading to you. Be sure to praise her efforts. This will also give her the chance to talk about the stories she reads, discussing favorite characters, possible ways to change the story, and words that are fun or unfamiliar.

90. Time for Homework

Even in the primary grades, your child will probably bring work home occasionally. Set aside a quiet half-hour each day for her to do her work, read a favorite book, draw, or write. It's important to make this time a pleasure, not a punishment.

91. Un lugar para la tarea escolar

Trate de incluir un escritorio en el cuarto de su hijo o una superficie plana para escribir, una buena luz para leer, papel, plumas, lápices, y algunos artículos de arte. Aunque haga la mayoría de su trabajo en la mesa de la cocina, él probablemente usará este espacio al menos ocasionalmente. El hecho de que existe este espacio le debe significar al niño que la lectura y la escritura tienen importancia.

92. Comparando notas

En el trabajo o en casa, si usted se encuentra pensando en su hijo, escríbale una nota rápida: "Son las 10:30. ¿Qué estás haciendo en este momento?" Motive a su niño a que haga lo mismo mientras está en la escuela. Después, comparen las preguntas a ver si pueden contestarlas. Tales preguntas pueden ser una buena manera de mantenerse en contacto.

93. Trabajo del que se puede estar orgulloso

Durante sus primeros años, su hija probablemente traerá a casa montones de papeles y dibujos. Asegúrese de pegar algunos en el refrigerador. También pueden colgarse en la habitación o el cuarto de juego del hija, o mandarse a los abuelos. También, dése tiempo de mirar y hacer comentarios sobre los papeles que su hija tiene que devolver a la escuela.

91. A Place for Homework

Try to include in your child's room a desk or other large smooth writing surface, a good reading light, paper, pens, pencils, and a few art supplies. Even if he ends up doing most of his homework at the kitchen table, he will probably use this space at least occasionally. Just its being there is a sign to him that reading and writing are important.

92. Comparing Notes

At work or at home, if you find yourself thinking about your child, jot down a quick note: "It's 10:30. What are you doing now?" Have your child do the same while he's at school. When you get home, compare questions and see if you can answer them. This can be the basis for a fun discussion and a good way to keep in touch.

93. Work to Be Proud of

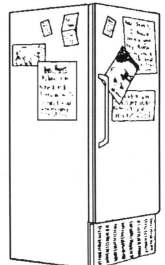

Your child will probably bring home hundreds of papers and pictures during her primary years. Make sure to post some of these on the refrigerator. They can also be hung in the child's bedroom or playroom, or sent to a grandparent. Take time to look at, and comment on, those papers that must be returned to school.

94. Mensaje en la caja del almuerzo

A los niños les encanta recibir mensajes de sus padres. Ponga un mensaje en la caja de almuerzo de su hija. Puede ser escrito en un código secreto o al revés, o puede ser algo tan sencillo como "Te quiero. Qué tengas un día maravilloso." Puede ser cualquier cosa que indique a su hija que la escritura es una forma importante de comunicar los pensamientos y sentimientos y de mostrar que usted valora la escritura. Usted sabrá que esta actividad vale la pena el día en que llegue a la oficina, abra su portafolio y encuentre dentro un mensaje secreto escrito por su hija.

95. Visitando la escuela

Aprovéchese de las oportunidades que tenga de visitar la escuela de su hija. Todas las escuelas tienen conferencias de padres/maestros, o algún tipo de visitación semejante. También, usted puede hablar con la clase de su hija sobre su ocupación o pasatiempo favorito. Además, puede leerles un cuento a los niños.

96. De memoria

Memorizar es una actividad que vale la pena y que también puede ser divertida. Ayude a su hijo a memorizar su canción o poema favorito; o, con su hijo, memoricen estrofas alternas. Con un hijo mayor, memoricen el Preámbulo a la Declaración de la Independencia, por ejemplo.

94. Message in a Lunchbox

Children love to get messages from their parents. Slip a message into your child's lunchbox. It can be written in a secret code or backwards, or be as simple as, "I love you. Have a great day!" It can be anything to indicate to your child that writing is a way for people to communicate their thoughts and feelings, and to show that you value writing. You'll know this activity is worthwhile the day you get to the office, open your briefcase, and find a secret message inside from your child.

95. Visiting School

Take advantage of opportunities to visit your child's school. All schools have parent/teacher conferences, and most have some kind of back-to-school visitation. There might also be an opportunity for you to visit your child's classroom. You could talk to the class about your own occupation or a favorite hobby, or do what you do at home so enjoyably—read a story.

96. From Memory

Memorizing is a worthwhile activity and can be fun as well. Help your child memorize a favorite poem or song; or, with your child, memorize alternate stanzas. With an older child, memorize the Preamble to the Declaration of Independence.

97. Comprando libros

De vez en cuando, su hija puede traer a casa un formulario para comprar libros de bolsillo. Haga parte de su presupuesto mensual el pedido de por lo menos uno o dos libros. Esto reforzará la actitud de su hija respecto a valorar la lectura, y con los años, tendrá una amplia biblioteca en casa.

98. Libros de la escuela

Los maestros de escuelas primarias a menudo les leen un capítulo o más de un libro especial cada día a sus estudiantes. Si usted puede, consiga una copia del libro para que lo lea. Hablar sobre el libro será una experiencia divertida e informativa para ambos, usted y su hijo.

97. Buying Books

Once in a while, your child may bring home an order form for paperback books. Make ordering at least a book or two part of your monthly budget. This will strengthen your child's attitude that reading is valuable, and over the years, it will build up quite a library.

98. Books from School

Primary teachers often read a chapter or so a day to their students from a special book. If you can, get a copy of the book and read it yourself. It will be fun and informative for you to discuss the book with your child.

99. Mostrar y contar

Anime a su hijo a llevar su libro favorito, o quizás un cuento que escribió, a la escuela para "Mostrar y Contar." Escribir y leer son cosas de las que se debe sentir orgulloso.

100. Compartiendo libros

Cuando su hija empieza a leer libros más largos sola, pídale que le recomiende a usted un libro. No sólo tendrán la oportunidad de hablar juntos del libro, sino también pueden empezar una nueva manera de compartir su tiempo — recomendándose libros uno al otro — que crecerá a la par con su hija.

101. Deletreo inventado

Cuando su hijo está aprendiendo a escribir, querrá escribir muchas palabras que no sabe deletrear. Anímelo a utilizar un deletreo "inventado" en vez de interrumpir la fluidez de un cuento o frase. Es decir, que puede deletrear la palabra del modo que él piense que debe ser deletreado. Si se necesita, puede dibujar una representación pictórica de las palabras que no puede deletrear. La imaginación viene primero, después el mejoramiento. La corrección del deletreo puede venir suave y gradualmente. Con la computadora, viene automáticamente.

99. Show and Tell

Encourage your child to take a favorite book or story he wrote to school for "Show-and-Tell." Reading and writing are things to be proud of.

100. Sharing Books

When your child begins reading longer books on her own, ask her to recommend a book to you. Not only can you talk about the book together but also you can begin a new level of sharing—recommending books to each other, a sharing that grows as your child grows.

101. Invented Spelling

When your child is learning to write, she will want to write lots of words that she doesn't know how to spell. Encourage her to use "invented" spellings rather than interrupt the flow of a story or sentence. An invented spelling is simply spelling a word the way she thinks it might be spelled or sounds like it ought to be spelled. If need be, she can draw a picture to represent the words she cannot spell. Imagination comes first, then improvement. Correction of spelling can come along gently and gradually. With a computer, it comes automatically.

Epílogo

A menudo pensamos en la lectura y la escritura como habilidades esenciales que nuestros hijos deben dominar si quieren tener éxito en sus carreras, y ciertamente esto es verdad. Sin embargo, también es verdad que nuestra noción de la democracia depende de tener ciudadanos bien informados — un pueblo que puede pensar clara e independientemente y puede expresarse eficazmente; es, precisamente, el que tiene una mejor oportunidad de mantenerse libre. Además de ser trabajos duros, leer y escribir, hablar y escuchar son también una responsabilidad democrática.

Al mismo tiempo, tenemos fe en que usted encuentre en las actividades que compartimos aquí otra cosa que es de igual importancia: leer y escribir son grandes alegrías en sí. Ayudar a nuestros hijos e hijas a descubrir esta alegría es uno de los mejores regalos que podemos darles.

Afterword

Often we think of reading and writing as essential skills that our children must master if they are to be successful in their careers, and certainly this is true. It is also true that our idea of democracy is dependent upon having an educated, informed citizenry— people who can think clearly and inventively, and express themselves effectively, have a better chance at remaining free. Reading and writing, speaking and listening are heavy-duty work and a democratic responsibility.

At the same time, we hope that you find in the activities we have shared with you something else that is equally important: Reading and writing are great joys in and of themselves. Helping our children discover this joy is one of the best gifts we can give them.

Recursos para los padres

Crook, Shirley, ed. *Lo que da buen resultado en casa. Resultados de la investigación y actividades de aprendizaje: Sentido común y diversión para niños y adultos.* Austin, Texas: Special Projects, Extension Instruction and Materials Center, University of Texas at Austin, 1986. (P.O. Box 7700, Austin, TX 78713-7700, $2.50)

Dodge, Diane Trister and Joanna Phinney. *Guía para madres y padres de familia sobre educación preescolar a temprana edad.* Washington: Teaching Strategies, Inc., 1991. (Teaching Strategies, P.O. Box 42243, Washington, D.C. 20015, $1.75)

Nicolau, Siobhan and Carmen Lydia Ramos. *Queridos Padres: En los Estados Unidos...La escuela es nuestra también.* New York: Hispanic Policy Development Project, Inc., 1990. (Hispanic Policy Development Project, 250 Park Avenue South, Suite 5000A, New York, NY 10003, gratis)

Paulu, Nancy and Margery Martin. *Como ayudar a sus hijos a aprender ciencia.* Washington: Office of Educational Research and Improvement, 1992. (U.S. G.P.O., Superintendent of Documents, Mail Stop: SSOP, Washington, DC 20402-9328, gratis)

Pell, Elena et al. *Hacer lo mejor de la educación de su niño: Una guía para padres. Preparado para el proyecto para la movilización de la comunidad Hispaña* [sic] *para la provención de la deserción escolar.* Washington: ASPIRA Association, Inc., 1989. (ASPIRA Association, Inc., 1112 16th Street, NW, Suite 340, Washington, DC 20036, $5.00)

Perkinson, Kathryn. *Como ayudar a sus hijos a usar la biblioteca.* Washington: Office of Educational Research and Improvement, 1992. (U.S. G.P.O., Superintendent of Documents, Mail Stop: SSOP, Washington, DC 20402-9328, gratis)

Todos nuestros niños pueden aprender a leer: Guía para la acción de padres y residentes. Chicago: Designs for Change, 1987. (Designs for Change, 220 S. State Street, Suite 1900, Chicago, IL 60604, $5.50)

Usted puede ayudar a sus hijos a aprender matemáticas. Washington: Office of Educational Research and Improvement, 1993. (U.S. G.P.O., Superintendent of Documents, Mail Stop: SSOP, Washington, DC 20402-9328, gratis)

Resources for Parents

Allison, Christine. *I'll Tell You a Story, I'll Sing You a Song: A Parent's Guide to the Fairy Tales, Fables, Songs, and Rhymes of Childhood.* New York: Delacorte, 1987.

Baghban, Marcia. *You Can Help Your Young Child with Writing.* Newark, Delaware: International Reading Association, 1989.

Binkley, Marilyn R. et al. *Becoming a Nation of Readers: What Parents Can Do.* Lexington, Massachusetts: D.C. Heath, 1988.

Boehnlein, Mary M. and Beth H. Hagar. *Children, Parents, and Reading.* Newark, Delaware: International Reading Association, 1985.

Clay, Marie. *Writing Begins at Home: Preparing Children for Writing before They Go to School.* Portsmouth, New Hampshire: Heinemann, 1987.

Clay, Marie and Dorothy Butler. *Reading Begins at Home,* 2nd ed. Portsmouth, New Hampshire: Heinemann, 1987.

Freeman, Judy. *Books Kids Will Sit For.* Hagerstown, Maryland: Alleyside, 1984.

Grinnell, Paula C. *How Can I Prepare My Young Child for Reading?* Newark, Delaware: International Reading Association, 1984.

Gross, Jacquelyn and Leonard Gross. *Make Your Child a Lifelong Reader: A Parent-Guided Program for Children of All Ages Who Can't, Won't, or Haven't Yet Started to Read.* Los Angeles: Jeremy Tarcher, 1986.

Lee, Barbara L. and Marsha K. Rudman. *Leading to Reading: New Ways You Can Make Reading Fun for Children.* New York: Berkley Books, 1983.

Meek, Margaret. *Learning to Read.* Portsmouth, New Hampshire: Heinemann, 1986.

Reed, Arthea J. S. *Comics to Classics: A Parent's Guide to Books for Teens and Preteens.* Newark, Delaware: International Reading Association, 1988.

Roser, Nancy L. *Helping Your Child Become a Reader.* Newark, Delaware: International Reading Association; Bloomington, Indiana: ERIC Clearinghouse on Reading and Communication Skills, 1989.

Silvern, Steven B. and Linda R. Silvern. *Beginning Literacy and Your Child.* Newark, Delaware: International Reading Association; Bloomington, Indiana: ERIC Clearinghouse on Reading and Communication Skills, 1989.

Smith, Carl B. *Help Your Child Read and Succeed: A Parents' Guide.* Bloomington, Indiana: Grayson Bernard Publishers, 1991.

Para más información/For more information

ASPIRA Association, Inc.
1112 16th Street, NW, Suite 340
Washington, DC 20036
202-835-3600
(en Español/in English)

International Reading Association
800 Barksdale Road
Newark, DE 19714-8139
302-731-1600
(en Español/in English)

Hispanic Policy Development Project
36 E. 22nd St., 9th Floor
New York, NY 10010
212-529-9323
(en Español/in English)

National Association of Partners in Education
901 N. Pitt St., Suite 320
Alexandria, VA 22314
703-836-4880
(in English)

National Council of LaRaza
810 1st Street, NE, Suite 300
Washington, DC 20002-4205
202-289-1380
(en Español/in English)

Notes

Notas

Notes

Notas

Notes

Parents and Children Together (series)

> *"I personally believe this should be in all schools for more parents to read and listen to . . . I just had to write and let you know how great it is. Thank you!"*
> —**Kathy Elliot, Parent**

> *"Parents appreciate the tips for helping their children at home, and teachers are always looking for ways to link school and home."*
> —**Jolinda Maiorino, Principal**

THESE BOOKS AND CASSETTES, 30 titles in all, help parents understand and support their children's development and school performance.

Titles in the *Parents and Children Together* series cover a variety of topics. Here's just a sample:

- *Learning and Self-Esteem*
- *Motivating Your Child to Learn*
- *Encouraging Good Homework Habits*
- *Learning Science at Home*
- *Creative Expression through Music and Dance*
- *Folktales for Family Fun*

For a complete list of titles, see the order form.

Each book and cassette package contains

- Answers to parents' questions about learning
- Educational advice written by Chapter 1 directors and literacy teachers
- Suggested books for future reading
- Two or three read-along stories
- Activities for parents and children to do together

Books for Home and School

Using Your Language series

Grammar Handbook for Home and School *by Carl B. Smith, Ph.D.*

Here's the perfect quick reference to correct language usage. Concise definitions, clear explanations, and useful examples make this a handy guide to English grammar, syntax, and punctuation.

Grammar Handbook serves as a companion to *Intermediate Grammar* or as a stand-alone quick reference.

Appropriate for grades 5 and up.
BB-100-1018 $8.95

Intermediate Grammar: A Student's Resource Book *by Carl B. Smith, Ph.D.*

Whether they need to answer homework questions, polish a paper, or get extra practice and review, middle and upper grade students will turn to this reference again and again.

Includes:

*   Explanations and definitions students will understand.

*   Examples of actual student writing that focus on common questions and errors.

*   Exercises for students to check their understanding.

*   A punctuation guide.

Appropriate for grades 5 and up.
BB-100-1017 $16.95

Elementary Grammar: A Child's Resource Book by Carl B. Smith, Ph.D.

This book belongs next to the dictionary and thesaurus on every child's reference shelf. Children can use this handy resource alone or with the help of a parent or teacher.

1) Answer questions about homework.

2) Catch up to or move ahead of grade level.

3) Get extra practice and review.

Covers topics normally presented in grades 1–4: sentence structure, parts of speech, word study, and punctuation. Includes exercises to check understanding, and a Handbook for Quick Reference.

Appropriate for grades 2–5.
BB-100-1016 $13.95

Create a success story with . . .

Smart Learning: A Study Skills Guide for Teens by William Christen and Thomas Murphy

Learn to focus study time and energy for fantastic results the whole family will be proud of!

This valuable guide offers students techniques to improve notetaking, writing projects, and test taking. You'll even learn how to set and achieve your goals!
BB-100-1020 $10.95

Connect! How to Get Your Kids to Talk to You *by Carl B. Smith with Susan Moke and Marjorie R. Simic (1994)*

Hear firsthand from parents and kids about the benefits of sharing reading and talking about books. Not only does shared reading promote communication and mutual respect, it helps kids do better in school and improve their self-esteem.

Connect! shows how to bring your family closer and how to support your child's academic and emotional development. Specific strategies help families do the following:

- Open up parent/child communication
- Find time
- Motivate children and build self-esteem
- Select books to read together
- Use writing, art, and drama to share ideas.

Illustrated with over 20 photographs and examples of children's art and writing.
BB-100-1265; $14.95

Help Your Child Read and Succeed: A Parents' Guide *by Carl B. Smith, Ph.D.*

Readers are achievers! Parents have an important role to play in helping their children learn to read. This book contains practical, caring advice and skill-building activities for parents and children from a leading expert in the field.
BB-100-1019 $12.95

¡Leamos! 101 ideas para ayudar a sus hijos a que aprendan a leer y a escribir / *Let's Read! 101 Ideas to Help Your Child Learn to Read and Write*
by Mary and Richard Behm

Side by side, in Spanish and English, parents get terrific, practical ideas that make learning a fun and natural part of everyday activities.
BB-100-1263 $9.95

101 Ways to Help Your Child Learn to Read and Write by Mary and Richard Behm

The same great ideas in English only. Parents can turn their daily experiences with their children into opportunities for developing reading and writing skills.
BB-102-1500 $4.99

Expand Your Child's Vocabulary: A Twelve-Week Plan by Carl B. Smith, Ph.D.

A dozen super strategies for vocabulary growth—because word power is part of success at all stages of life Parents and children will enjoy these interesting vocabulary activities, appropriate for children in elementary and secondary school.
BB-100-1015 $8.95

The Successful Learner Series

The Curious Learner: Help Your Child Develop Academic and Creative Skills
by Marjorie R. Simic, Melinda McClain, and Michael Shermis

Parents can help their children become curious, well-rounded learners and see the value in all academic and creative pursuits.
BB-100-1013 $9.95

"This guide focuses on techniques parents and educators can use to broaden creative thinking skills and enhance children's abilities in specific academic areas."
— ALA Booklist

The Confident Learner: Help Your Child Succeed in School
by Marjorie R. Simic, Melinda McClain, and Michael Shermis

An easy-to-read, interesting guide for parents of raising a child who is ready and motivated to learn.
BB-100-1023 $9.95

"This is an extremely useful and informative book, written by experienced advocates of parental involvement in education."
— Library Journal

The Active Learner: Help Your Child Learn by Doing
by Susan Moke and Michael Shermis

Parents discover how to help their children become motivated, self-directed learners who are actively engaged in school and the world around them. Includes active reading and writing study skills, speaking and listening, active television viewing and much more!
BB-106-1609 $9.95

Como motivar a los niños a aprender

Es fácil y divertido motivar a tu niño a que quiera aprender. En nuestra grabación y libro especial, encontrarás historias encantadoras, consejos de expertos, actividades muy entretenidas y libros para compartir.

Si quieres que tus hijos disfruten y tengan éxito en la escuela, puedes conseguirlo con esta grabación y libro especial.

Como motivar a los niños a aprender contiene:

- **Dos historias muy entretenidas con ilustraciones bonitas para los niños de cuatro a diez años.** Escucha y lee las historias que les encantarán a grandes y chicos.

- **Consejos para los padres sobre como ayudar a sus hijos a querer a aprender.** Expertos en educación hablan sobre los cuatro pasos que pueden ayudar a tus hijos para que tengan éxito en la escuela.

- **Actividades divertidas para compartir con la familia.** Los niños y padres gozarán de actividades divertidas y educacionales.

- **Sugerencias de libros que se pueden leer juntos.** Usa esta lista especial para seleccionar lecturas para tu familia.

Disfruta de esta grabación y libro especial con tu familia. Con ayuda y cariño, tus niños pueden aprender a motivarse solos en la escuela y en la vida.

☆ ☆ ☆

It is easy and fun to help your child be motivated to learn! Our Spanish-language book and tape give parents and children delightful stories, expert advice, and great activities and books to share.

BB-900-1177 $12.95
Book and audio tape are in Spanish only.

Order Information

☎ To order by phone, call toll-free 1-800-925-7853 and use your VISA, MasterCard, or Discover.

✉ To order books by mail, fill out the form below (or a photocopy) and send to

ERIC/EDINFO Press
Indiana University
P. O. Box 5953
Bloomington, IN 47407

Qty.		Title	Price	Total
	Parents and Children Together series			
____	BB-900-1087	Linking Reading and Writing	$10.00	____
____	BB-900-1090	Motivating Your Child to Learn	10.00	____
____	BB-900-1093	Learning and Self-Esteem	10.00	____
____	BB-900-1096	Discipline and Learning	10.00	____
____	BB-900-1099	Learning Science at Home	10.00	____
____	BB-900-1101	Recreation for Health and Learning	10.00	____
____	BB-900-1105	Folktales for Family Fun	10.00	____
____	BB-900-1108	Learning Math at Home	10.00	____
____	BB-900-1111	Stretching Young Minds in the Summertime	10.00	____
____	BB-900-1114	Parents as Models	10.00	____
____	BB-900-1117	Stress and School Performance	10.00	____
____	BB-900-1120	Beginning the New School Year	10.00	____
____	BB-900-1123	Encouraging Good Homework Habits	10.00	____
____	BB-900-1126	Working with the School	10.00	____
____	BB-900-1129	Computers and Your Child	10.00	____
____	BB-900-1132	Creative Expression through Music and Dance	10.00	____
____	BB-900-1135	Success with Test-Taking	10.00	____
____	BB-900-1138	Appreciating Poetry	10.00	____
____	BB-900-1141	Using the Library	10.00	____
____	BB-900-1144	Celebrating Earth Day Every Day	10.00	____
____	BB-900-1147	Different Peoples of the World	10.00	____
____	BB-900-1150	Making History Come Alive	10.00	____
____	BB-900-1153	Enjoying Art All around Us	10.00	____
____	BB-900-1156	Making Writing Meaningful	10.00	____
____	BB-900-1159	Speaking and Listening	10.00	____
____	BB-900-1162	Improving Your Child's Memory	10.00	____
____	BB-900-1165	Teamwork Learning	10.00	____

CESAR CHAVEZ LIBRARY

QTY		Title		Total
____	BB-900-1168	Expanding Your Child's Vocabulary	$10.00	____
____	BB-900-1171	Learning about the Lives of Famous People	10.00	____
____	BB-900-1174	Special Needs of Special Children	10.00	____

Other Books for Home and School

QTY		Title		Total
____	BB-100-1018	Grammar Handbook for Home and School	$8.95	____
____	BB-100-1017	Intermediate Grammar	16.95	____
____	BB-100-1016	Elementary Grammar	13.95	____
____	BB-100-1020	Smart Learning	10.95	____
____	BB-100-1265	CONNECT!	14.95	____
____	BB-100-1019	Help Your Child Read and Succeed	12.95	____
____	BB-100-1263	¡Leamos! • Let's Read!	9.95	____
____	BB-102-1500	101 Ways to Help Your Child Learn to Read and Write	4.99	____
____	BB-100-1015	Expand Your Child's Vocabulary	8.95	____
____	BB-100-1013	The Curious Learner	9.95	____
____	BB-100-1023	The Confident Learner	9.95	____
____	BB-106-1609	The Active Learner	9.95	____
____	BB-900-1177	Como motivar a los niños a aprender	12.95	

Prices subject to change.

Subtotal ____

Shipping &Handling ____

IN residents add5% sales tax ____

TOTAL ____

Shipping & Handling
Please add 10%. Minimum shipping charge is $5.00.

Method of Payment
❏ check ❏ money order ❏ MasterCard ❏ VISA ❏ DISCOVER

Card holder_____

Card no. _____ Exp. Date_____

Cardholder's signature _____

Send books to:

Name _____

Address_____

City_____ State_____ Zip_____

Your satisfaction is guaranteed.
Any book may be returned within 30 days for a full refund.

Texto bilingüe   *Bilingual Edition*

¡LEAMOS!

**101 ideas para ayudar a sus hijos a
que aprendan a leer y a escribir**

> **Texto refundido**

Mary y Richard Behm
con un nuevo prefacio por Josefina V. Tinajero

LET'S READ!

101 Ideas to Help Your Child Learn to Read and Write

> **Revised Edition**

Mary and Richard Behm
with a new preface by Josefina V. Tinajero

ERIC®   Clearinghouse on Reading,
English, and Communication

EDINFO
PRESS

Publicado por
EDINFO Press and
ERIC Clearinghouse on Reading, English, and Communication
Carl B. Smith, Director
Indiana University
P.O. Box 5953
Bloomington, IN 47407

Editor: Warren Lewis
Traductoras: Joan M. Hoffman y Angélica Lizarraga, con Silvia Jaramillo
Desiño: Lauren Bongiani Gottlieb
Tapa: David J. Smith
Produción: Lauren Bongiani Gottlieb, Theresa Hardy

Esta publicación fue preparada con fondos parciales de la Office of
Educational Research and Improvement, U.S. Department of Education, bajo
el contrato RR93002011. A los contratistas que se encargan de tales
proyectos se les alienta que expresen libremente sus opiniones en asuntos
profesionales y técnicos. Tales opiniones o puntos de vista, sin embargo, no
necesariamente representan la vista oficial de la Office of Educational
Research and Improvement.